This book belongs to:

____

- - - - - - - - - - - - - - - - -

____

A

a a a a a a a a

a a a a a a a a

a a a a a a a a

a

ball

B

b

b b b b b b

b b b b b b

b b b b b b

b

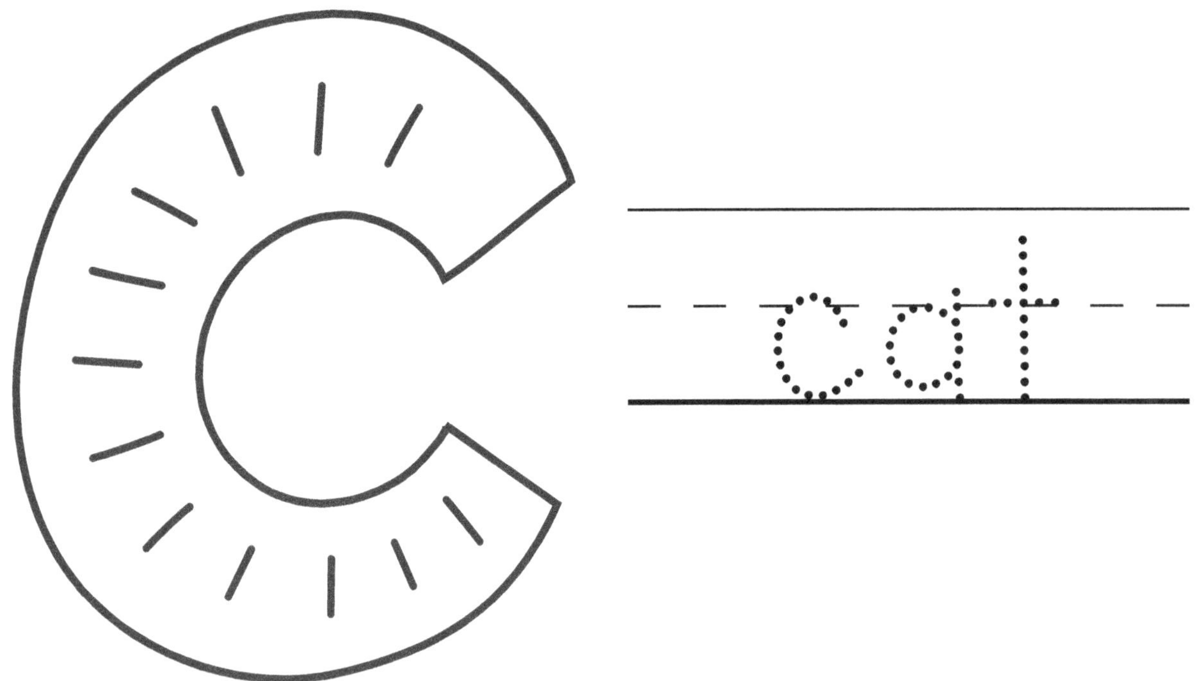

cat

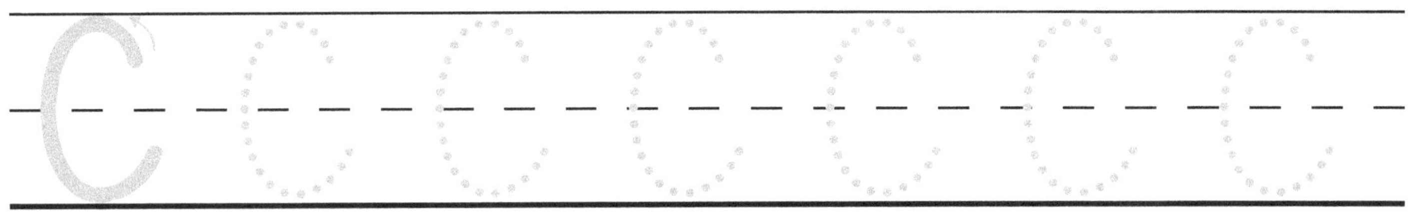

c c c c c c c c

c c c c c c c c

c c c c c c c c

c

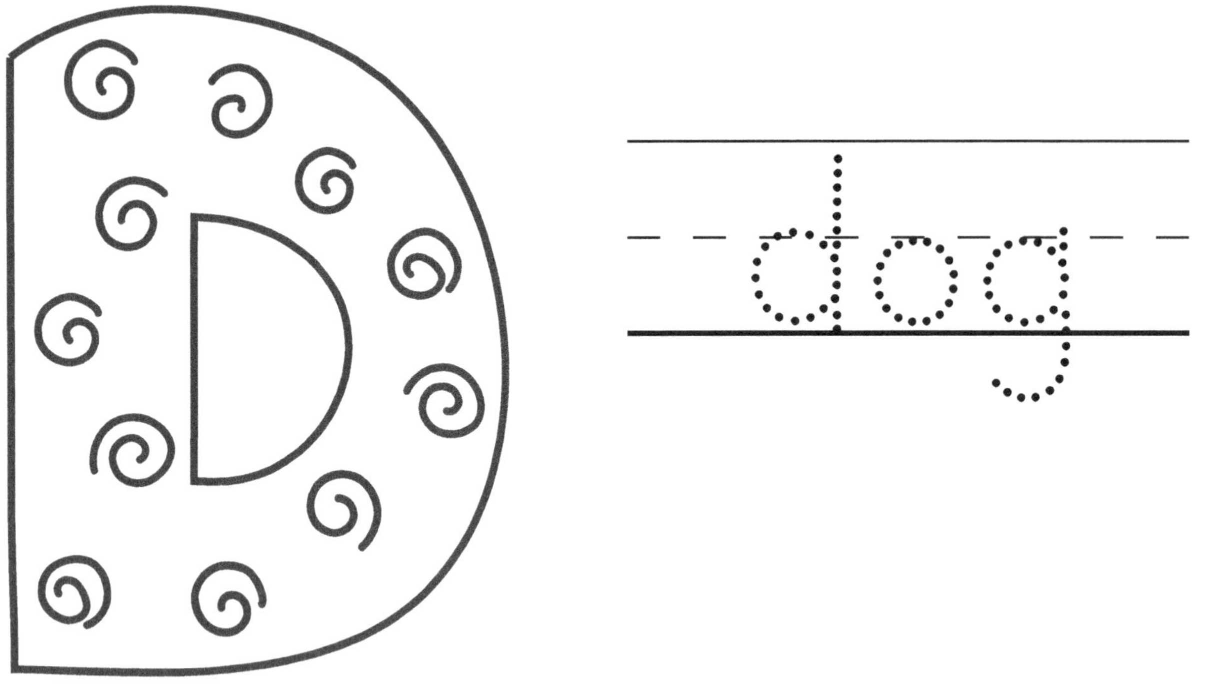

dog

d

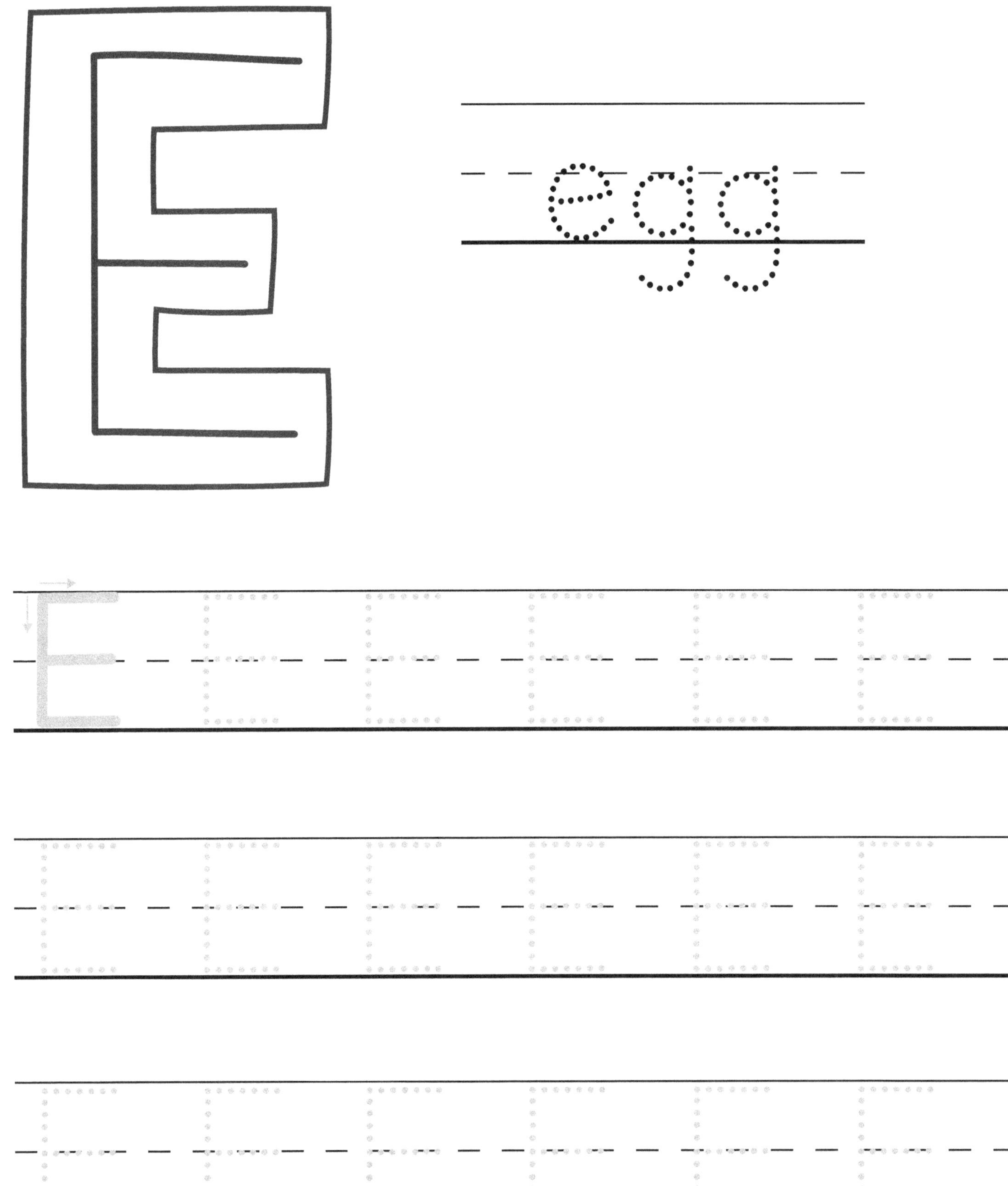
egg

E

e e e e e e e e

e e e e e e e e

e e e e e e e e

e

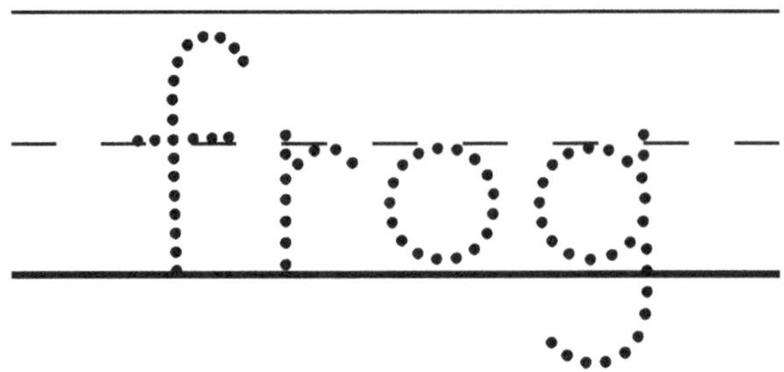

frog

f f f f f f f f

f f f f f f f f

f f f f f f f f

f

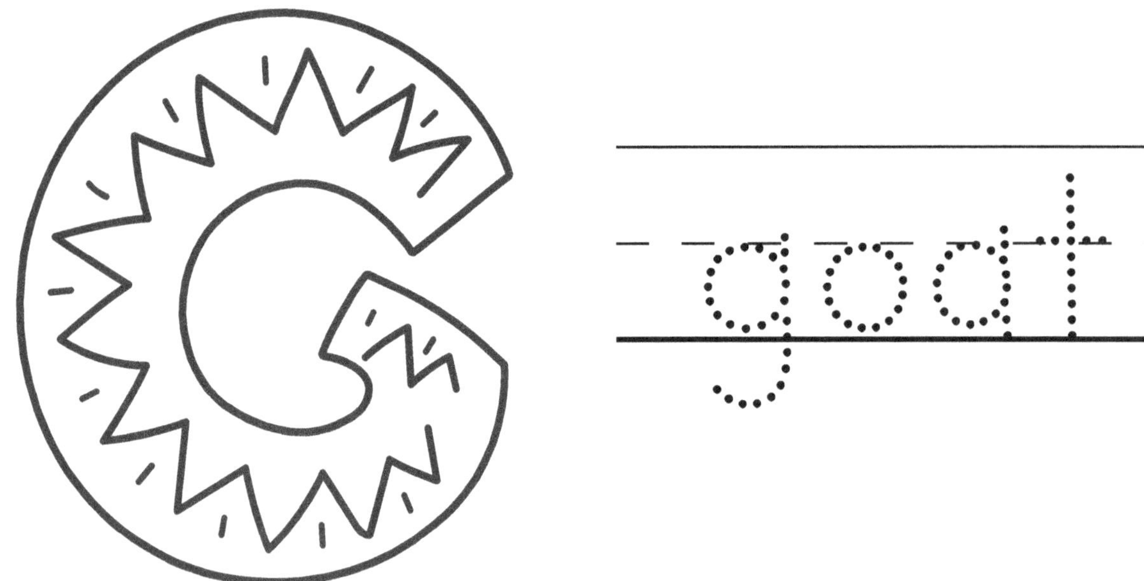

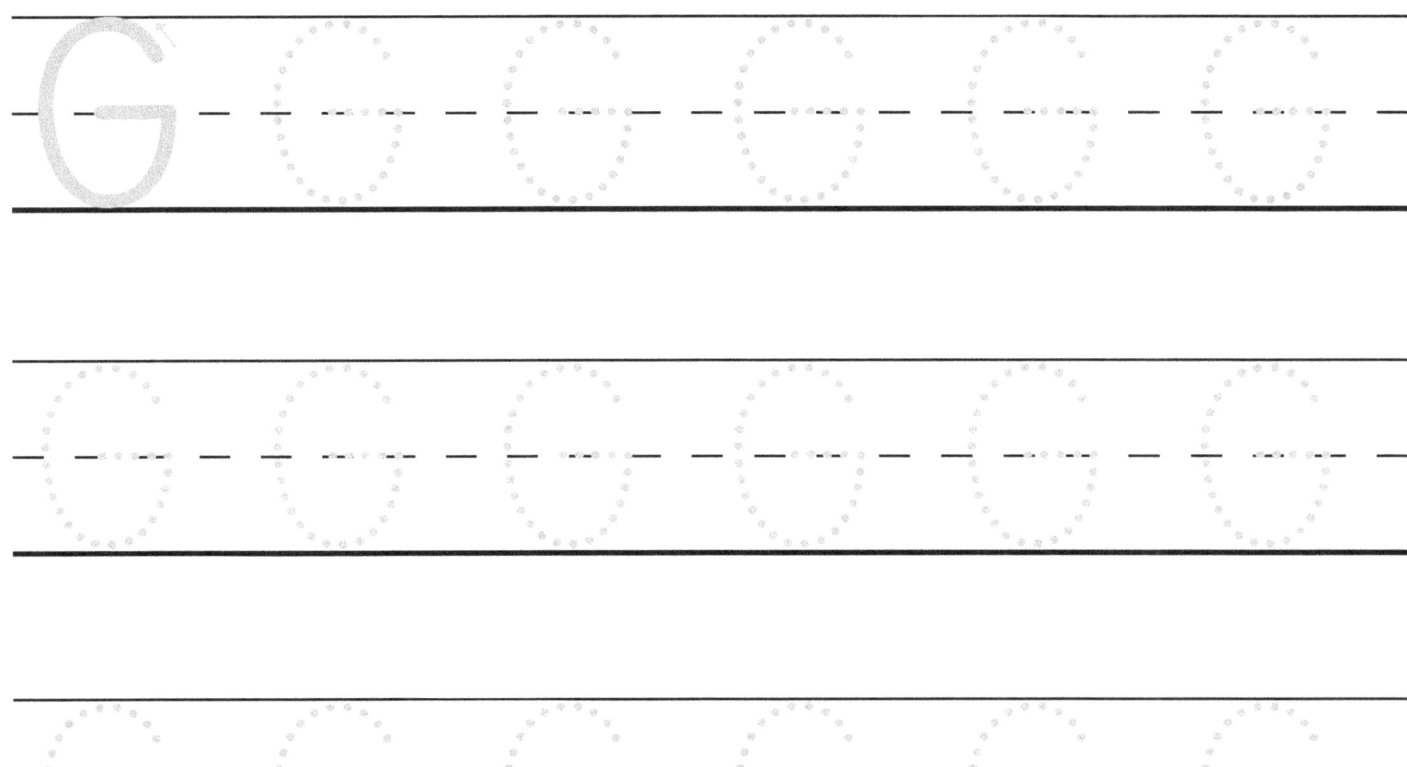

g

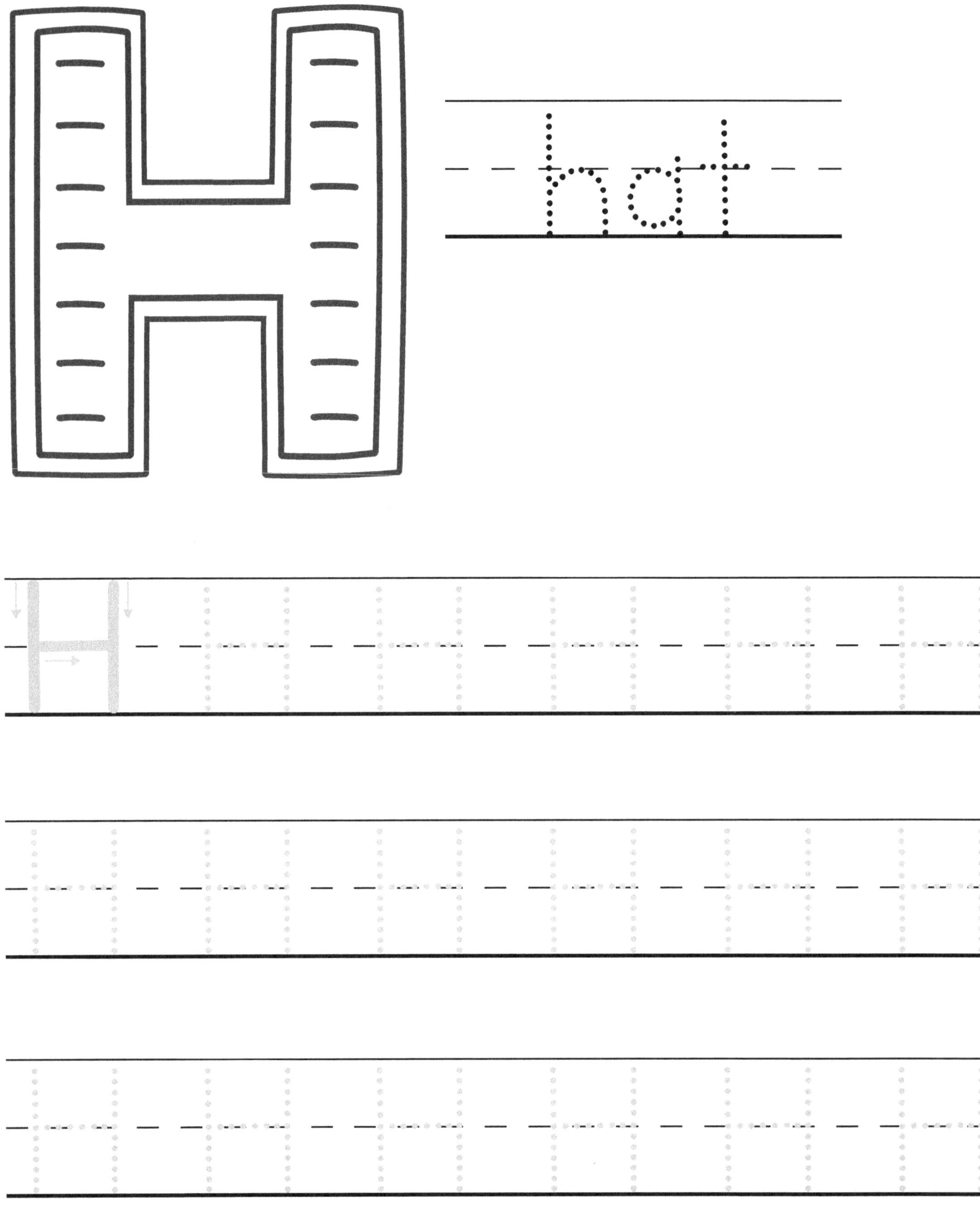

H
hat

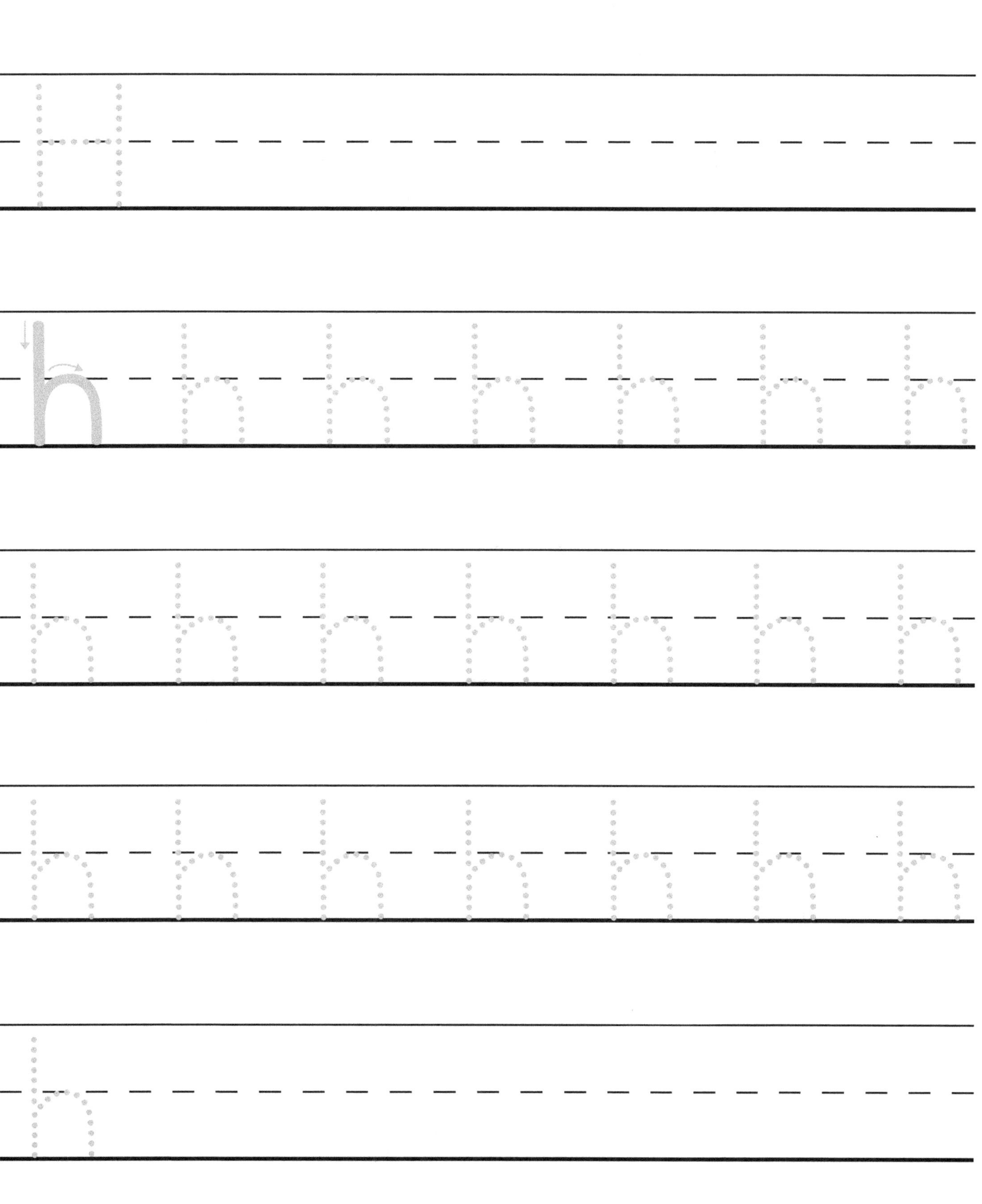

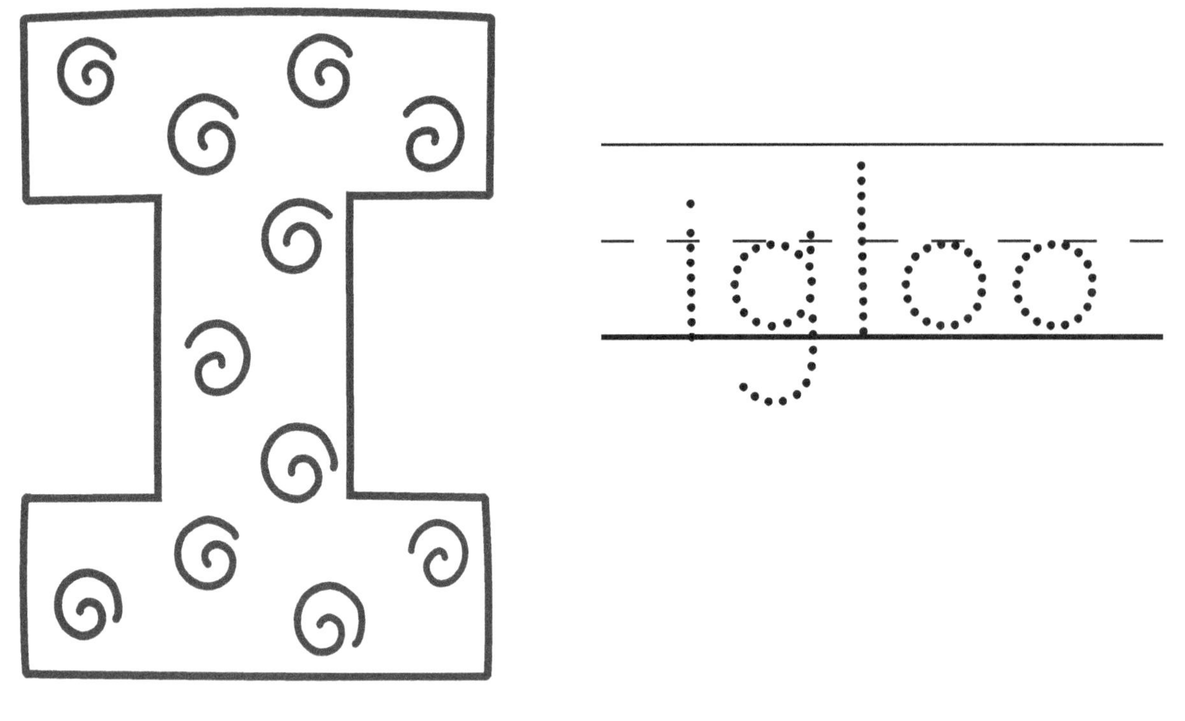

igloo

J

j

K
kite

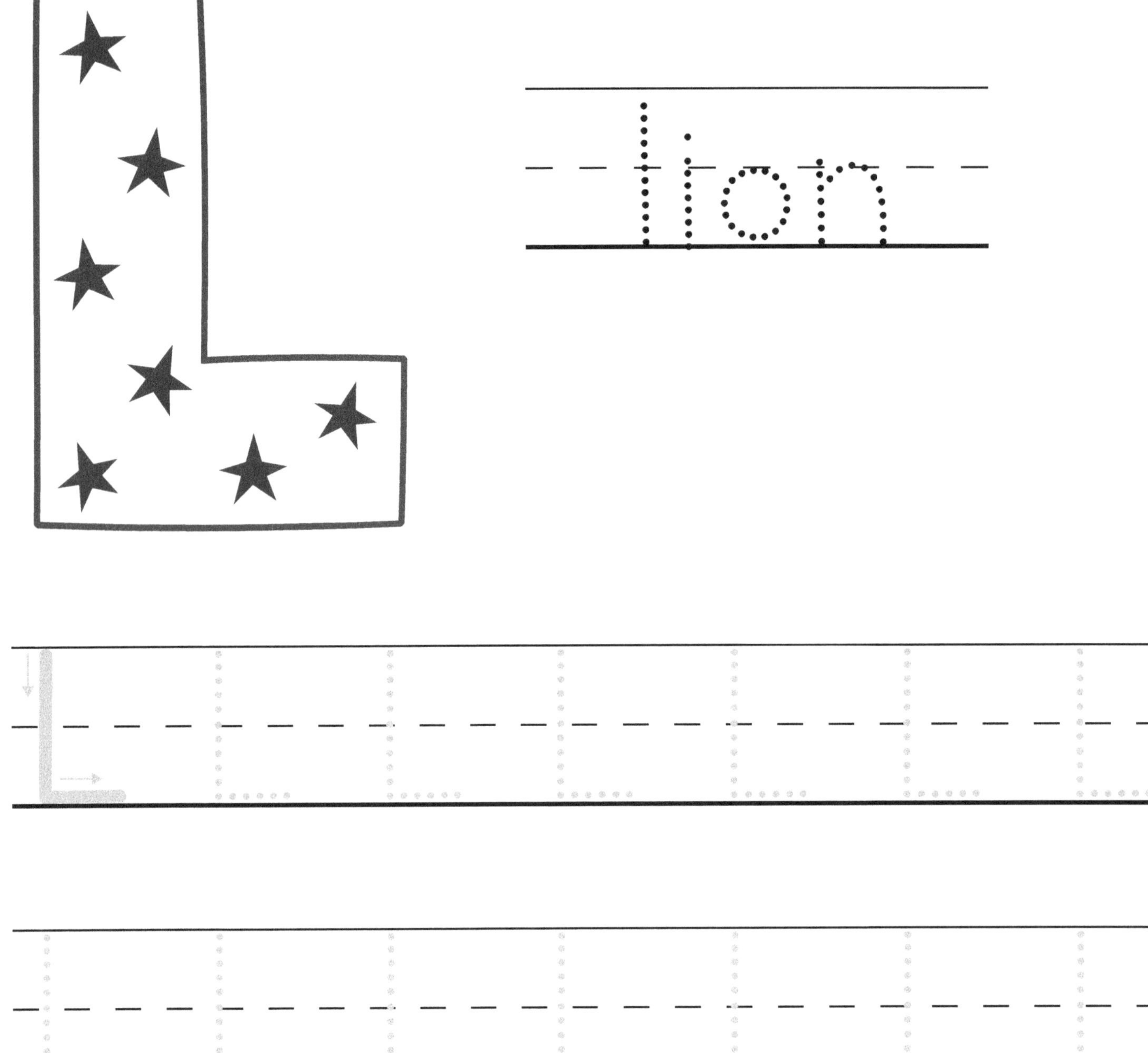

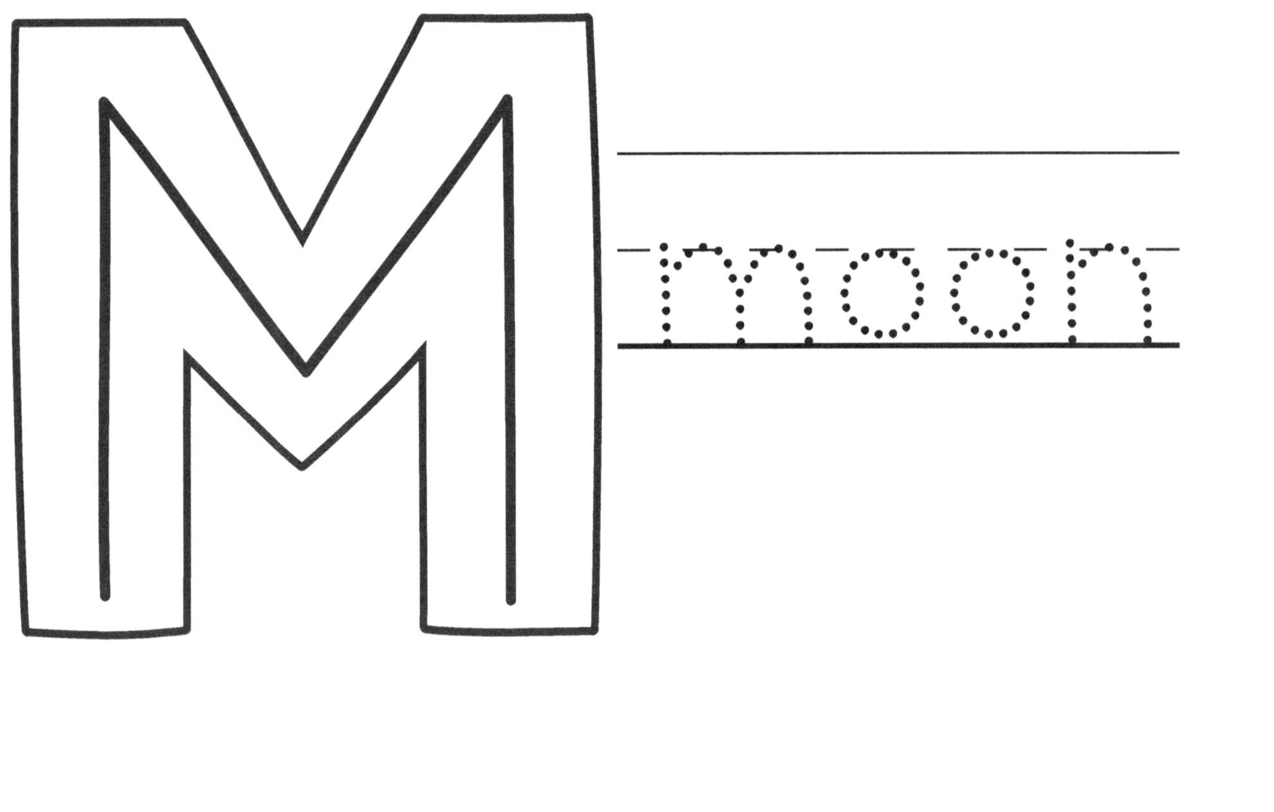
M
moon

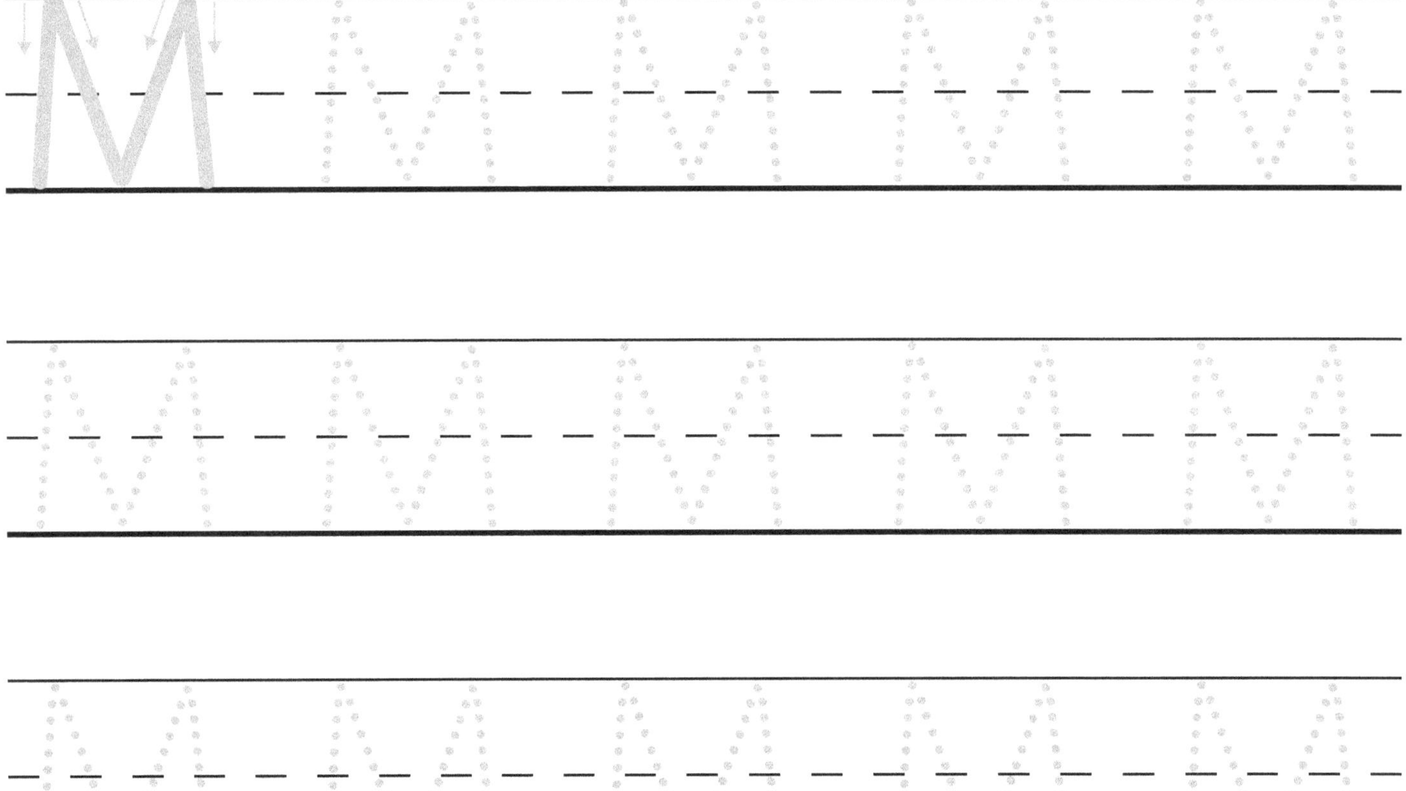
M M M M M M M
M M M M M M M
M M M M M M M

nest

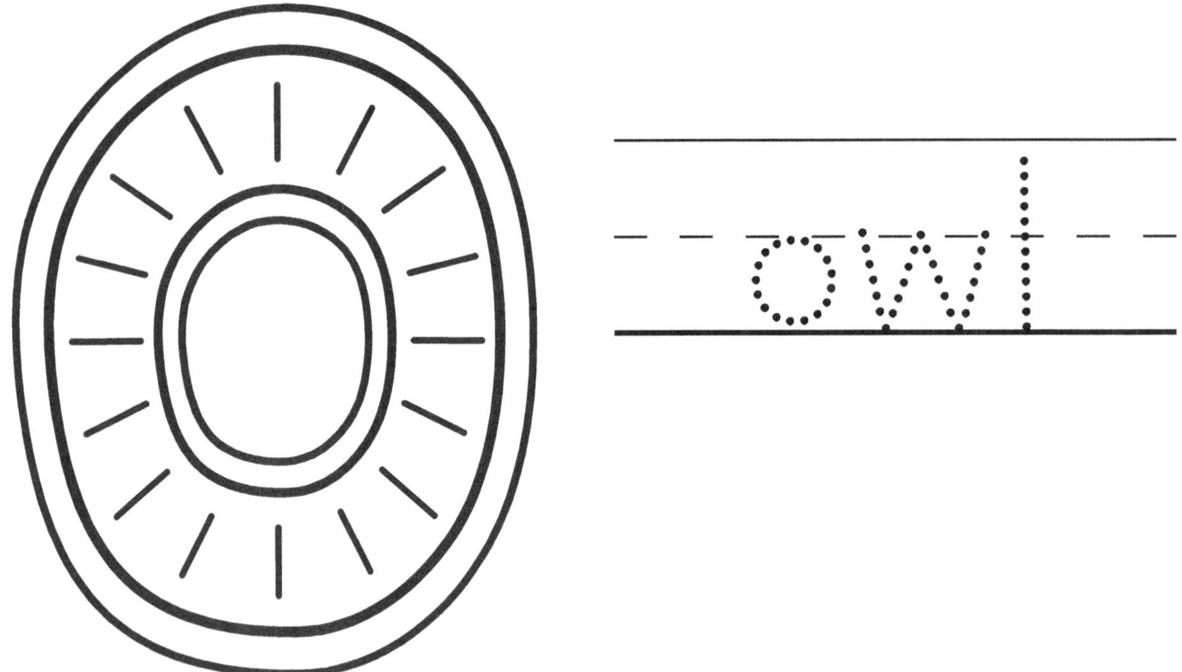

owl

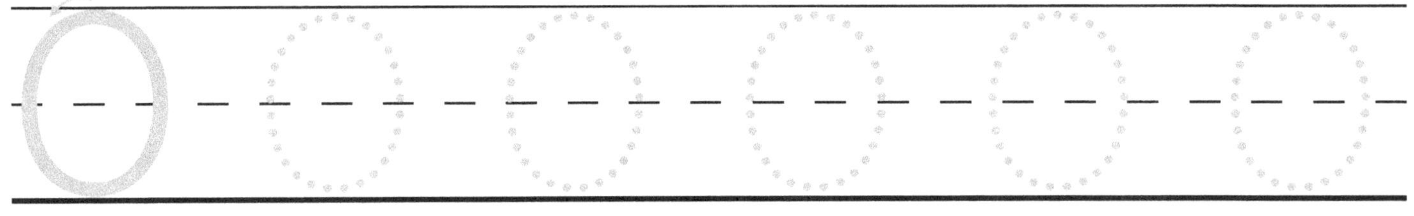

pig

p

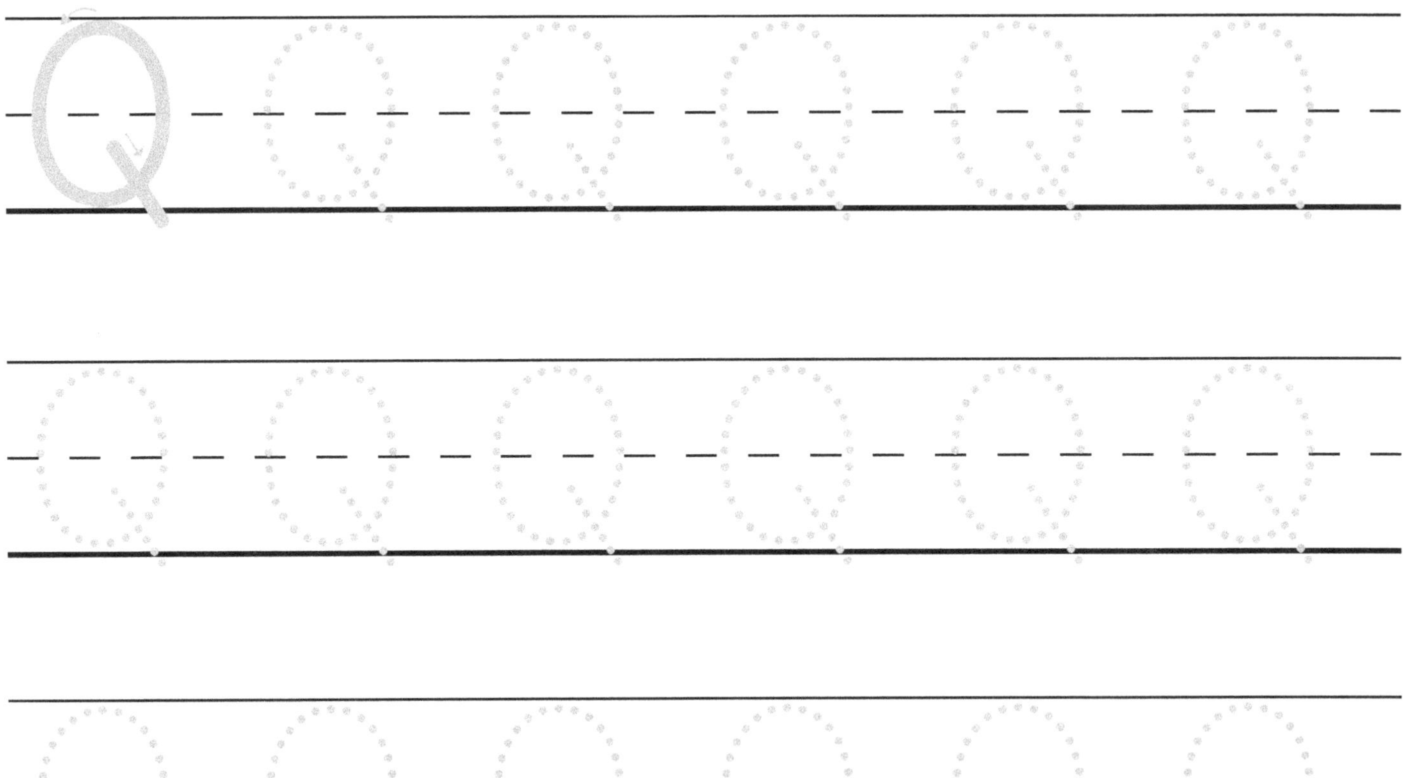

queen

q

run

R

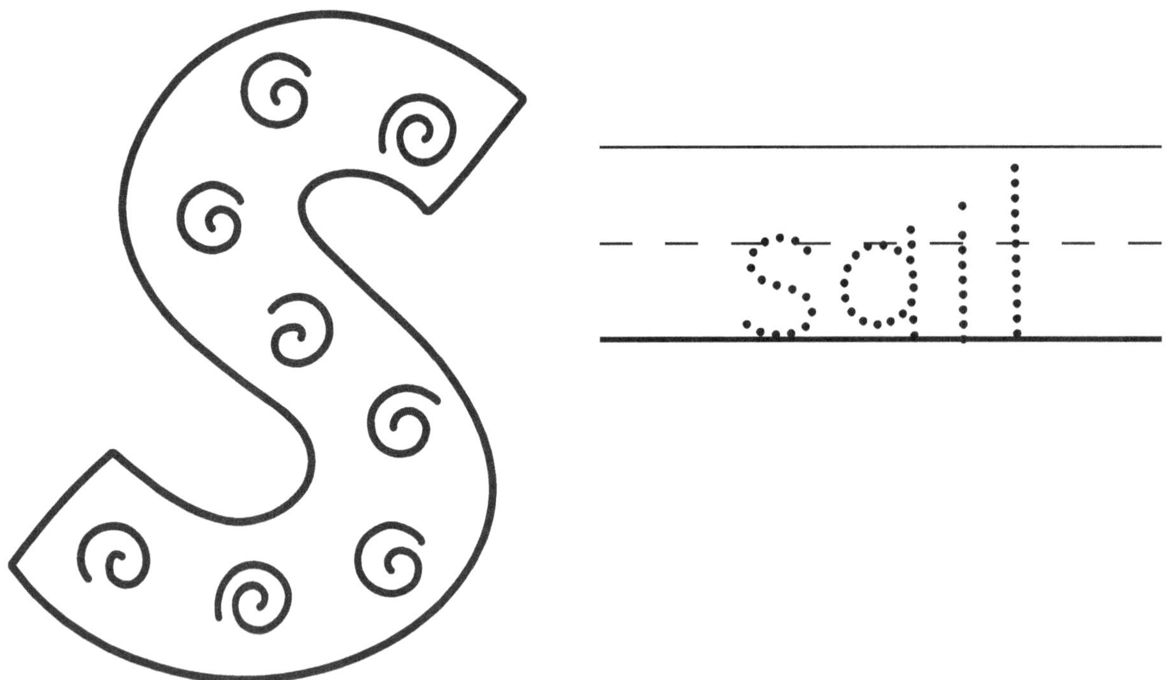

sail

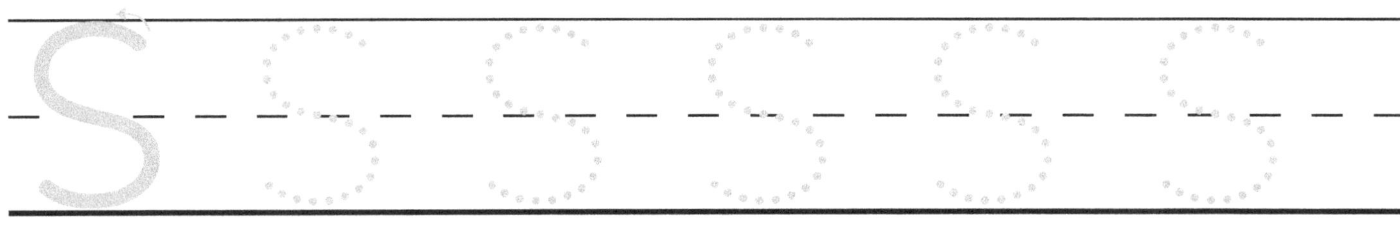

S

S

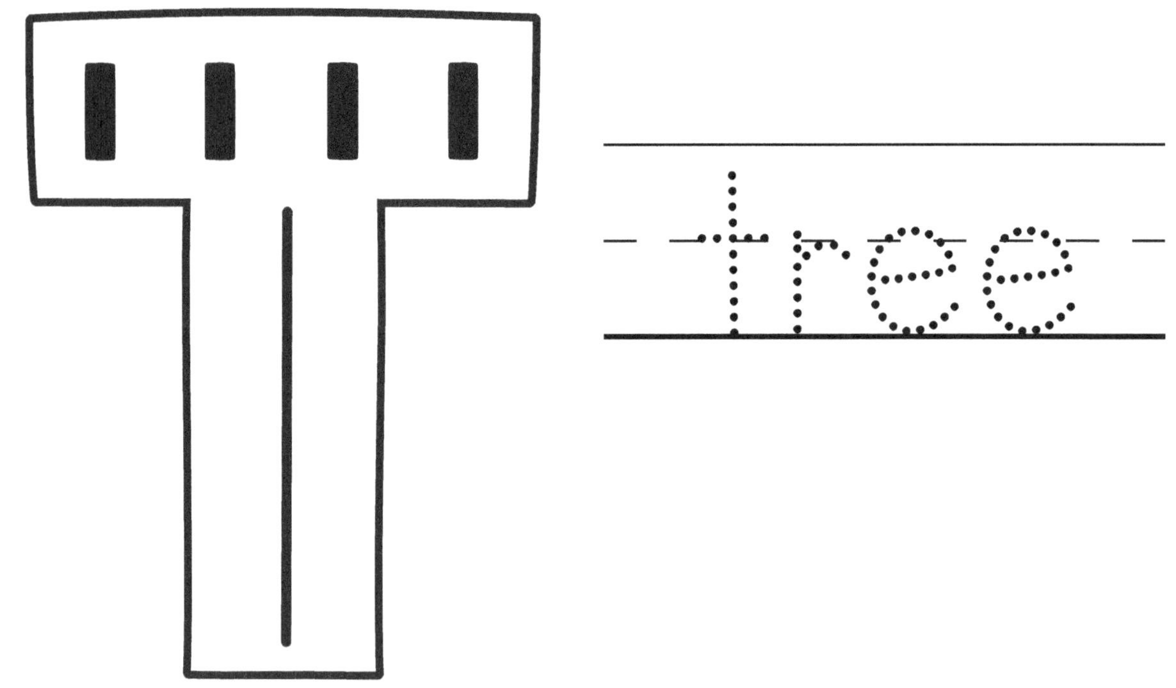

tree

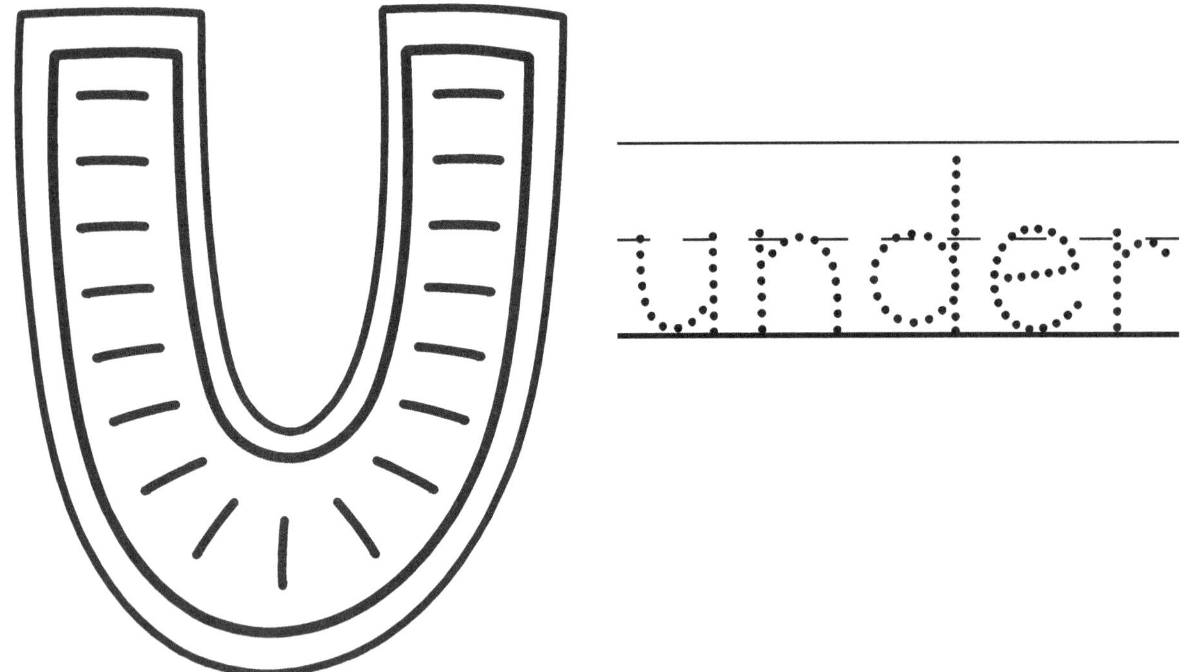
under

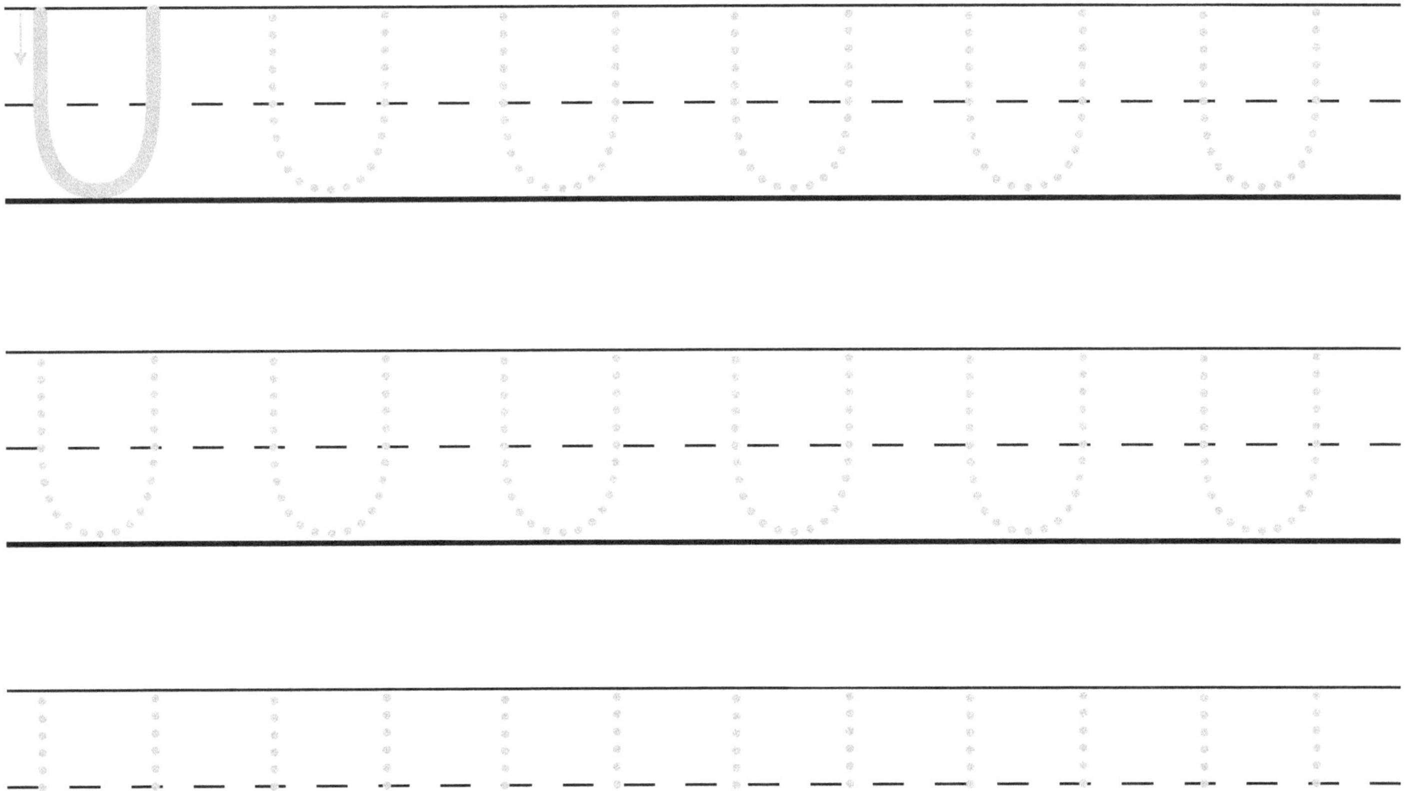

vase

v v v v v v v

v v v v v v v

v v v v v v v

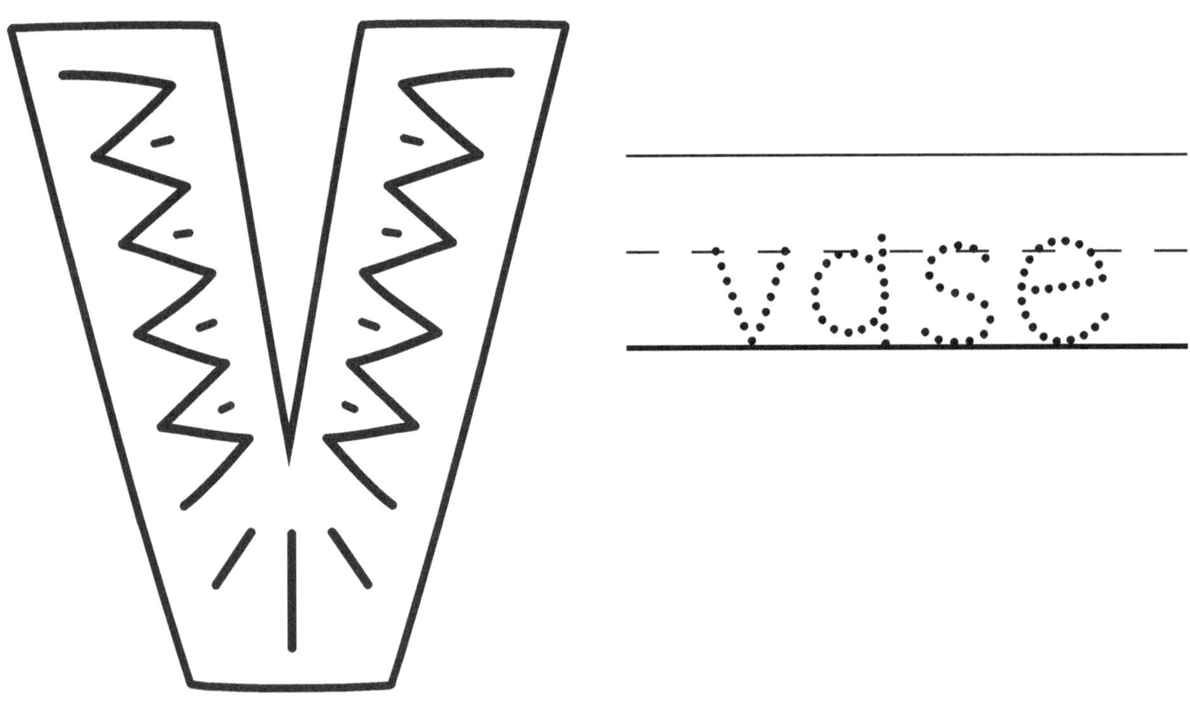

V

whale

W

W W W W W W

W W W W W W

W W W W W W

W

x-ray

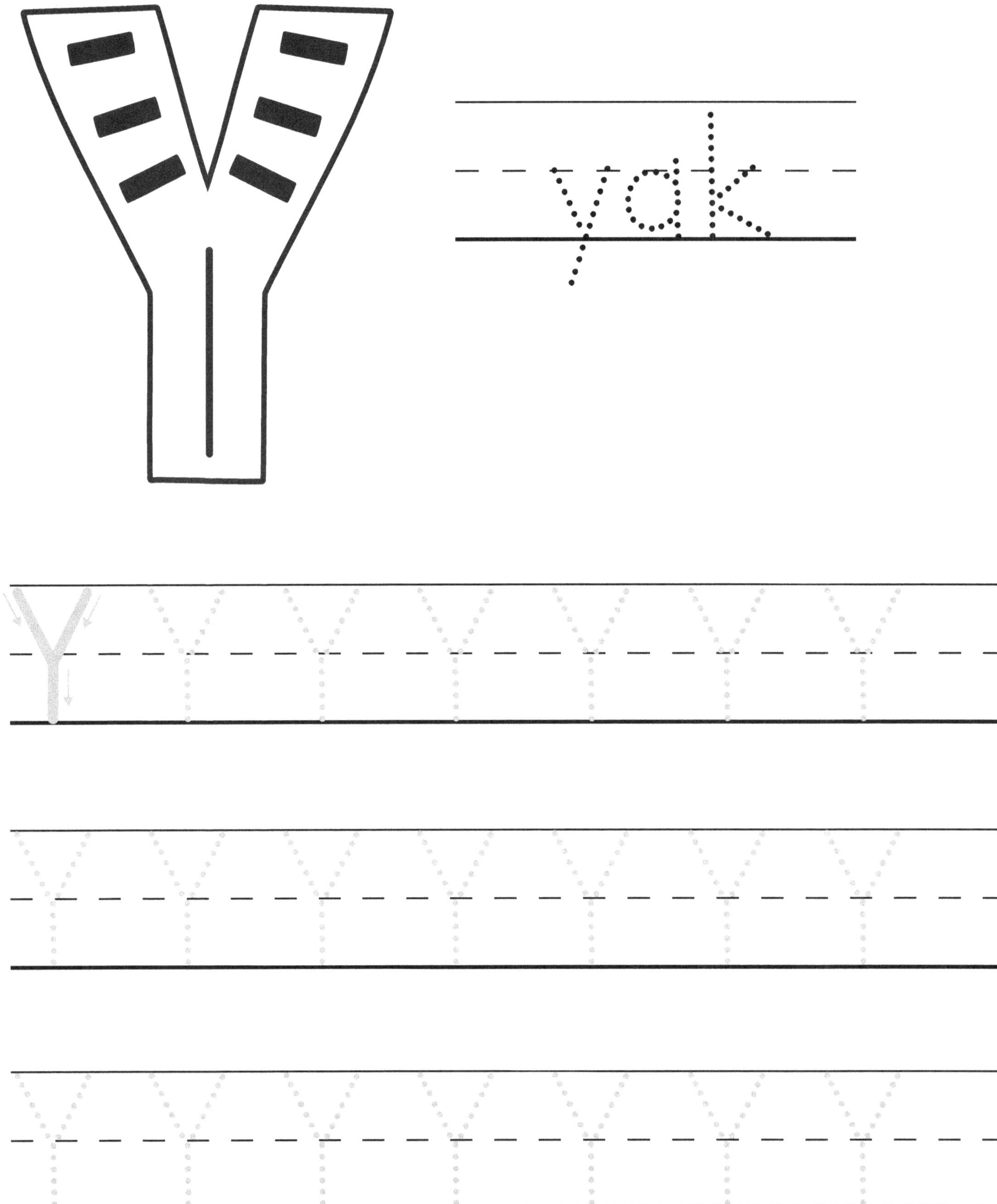

yak

Z

zebra

Z Z Z Z Z Z Z

Z Z Z Z Z Z Z

Z Z Z Z Z Z Z

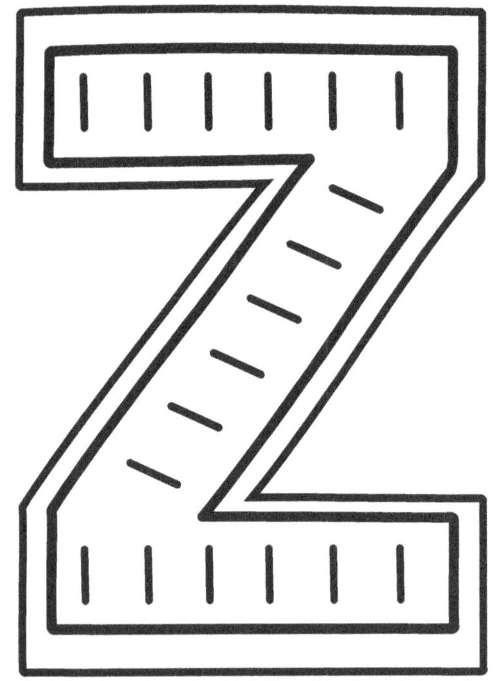

Z